AF346467

VENTE
du Vendredi 28 Mai 1909
HOTEL DROUOT, SALLE N° 8
A DEUX HEURES

MÉDAILLES GRECQUES

ANTIQUES

PROVENANT DE LA

Collection de feu M. H.-E. PERRIN

COMMISSAIRE-PRISEUR

M· HENRI BAUDOIN
Successeur de M· Paul CHEVALLIER

EXPERTS

MM· ROLLIN & FEUARDENT

CATALOGUE

DE

MÉDAILLES GRECQUES

ANTIQUES

CHOISIES AU POINT DE VUE DE L'ART

PROVENANT DE LA

Collection de feu M. H.-E. PERRIN

ET DONT LA VENTE AURA LIEU A PARIS

HOTEL DROUOT, SALLE N° 8

LE VENDREDI 28 MAI 1909

A DEUX HEURES

COMMISSAIRE-PRISEUR
Me HENRI BAUDOIN
Successeur de M. Paul CHEVALLIER
10, rue Grange-Batelière

EXPERTS
MM. ROLLIN & FEUARDENT
4, rue de Louvois
PARIS

EXPOSITION

Chez MM. ROLLIN ET FEUARDENT, *du Vendredi 21 au Jeudi 27 Mai,
sauf le Dimanche, de 2 heures à 5 heures.*

CONDITIONS DE LA VENTE

Elle sera faite au comptant.

Les adjudicataires paieront *dix pour cent* en sus des enchères.

Les médailles seront visibles chez MM. Rollin et Feuardent, 4, rue de Louvois, du Vendredi 21 au Jeudi 27 Mai, sauf le Dimanche, de 2 heures à 5 heures.

Paris. — Imp. de l'Art, Ch. Berger, 41, rue de la Victoire.

MÉDAILLES GRECQUES ANTIQUES

Choisies au point de vue de l'Art

1. **Tarente.** TAPA. Tête de femme à dr., le diadème
brodé, l'occiput voilé ; devant, un dauphin ;
dessous, KON (l'N rétrograde). Ŗ. ΔΙΟΣΚΟΡΟΙ·
Les Dioscures à cheval à g., l'un tenant une
palme, l'autre couronnant son cheval. — Statère
d'or[4], *de toute beauté.*

Vente des 22 et 23 mai 1908 (Paris), n° 12. Collection Woodward.

2. **Métaponte.** Tête casquée et barbue de Leucippe ; der-
rière, une protome de lion. Ŗ. [M]ΕΤΑΡΟΝΤΙΝΩΝ·
Épi de blé avec une massue droite sur la tige.
AMI. — Ŗ⁷. Tétradrachme. Rare et TB.

Même vente, n° 61. Collection Woodward.

3. **Thurium.** Tête de Minerve à dr., le casque orné
d'une figurine de Scylla. Ŗ. Aire concave.
ΘΟΥΡΙΩΝ. Taureau cornupète à dr. ; dessus
ΕΥΦΑ. Deux thons en exergue. — Tétradrachme
de la plus grande finesse. Ŗ⁷. FDC.

Même vente, n° 74. Collection Woodward.

4. **Syracuse**. Tête virile laurée (portrait) à g. ℞.
ΣΥΡΑΚΟΣΙΩΝ. Bige au galop, à dr., avec son
conducteur. — OR³. FDC.

Même vente, n° 149. Collection Montagu, n° 164.

5. ΣVΡΑΚΟΣΙΟΝ· Tête d'Aréthuse à g., coiffée d'épis ;
au pourtour, quatre dauphins ; sous le cou, la
signature EVAINE· ℞. Quadrige au galop à g.;
au-desssus, une Victoire volant à dr. couronne
l'aurige ; à l'exergue, des pièces d'armure. —
Poids : 42 gr. 75. *Superbe décadrachme d'une
conservation parfaite et d'un style admirable.*
— ℛ¹⁰. FDC.

Même vente, n° 188. Collection Hoskier, n° 159.

6. **Agathocle**. Tête de Minerve à dr., coiffée d'un
casque athénien. ℞. ΑΓΑΘΟΚΛΕΟΣ ΒΑΣΙΛΕΟΣ·
Foudre ailé. — OR⁴. TB.

Même vente, n° 211. Collection Wotock, n° 281.

7. ΚΟΡΑΣ· Tête de Kora à dr., coiffée de roseaux.
℞. ΑΓΑΘΟΚΛΕΙΟΣ· Victoire érigeant un trophée;
à dr., la triquètre de Sicile. — Tétradrachme.
ℛ⁷. TB.

Même vente, n° 213. Collection Woodward.

8. **Hiéron II**. Tête de Cérès à g., coiffée d'épis ; derrière, une amphore. ℞. Bige au galop à dr.; à
l'exergue, ΙΕΡΩΝΟΣ. — Or³. FDC.

Même vente, n° 217. Collection A. Evans.

9. **Lysimaque, roi de Thrace.** Tête cornue et diadémée d'Alexandre le Grand. ℞. ΒΑΣΙΛΕΩΣ ΛΥΣΙΜΑΧΟΥ. Minerve nicéphore assise à g.; sous le siège, **BY** (*Byzance*); devant, monogramme; exergue, trident (de Byzance) orné. — Or³. FDC.

Même vente, n° 232. Collection Woodward.

10. **Amphipolis.** Tête laurée d'Apollon, presque de face, dans une bordure de points. ℞. ΑΜΦΙΠΟΛΙΤΕΩΝ inscrit sur un cadre qui entoure une torche allumée; à g., **A**; le tout dans un carré creux. *Pièce excessivement rare et d'un style admirable.* — .R⁷. TB.

Même vente, n° 237. Double du Musée de Berlin.

11. **Etolie.** Tête laurée, à dr., du roi Antiochus III de Syrie. ℞. ΑΙΤΩΛΩΝ. Jeune homme nu, debout à g., posant le pied sur un rocher; il porte une lance et une épée et a son pétase suspendu à la nuque. ΛΕ dans le champ. — .R⁷. B.

Même vente, n° 279. Collection Prowe, n° 697.

12 **Oponte.** Tête de Cérès à g., coiffée d'épis et parée d'un collier. ℞. ΟΠΟΝΤΙΩΝ. Ajax combattant à dr.; son bouclier est orné d'un griffon et d'une palmette. Dans le champ, un astre. *Magnifique pièce, de beau style et d'un modelé très fin.* — .R⁷. TB.

Même vente, n° 280.

13. **Mithridate VI, roi du Pont.** Tête diadémée du roi à dr. ℞. Dans une couronne de lierre en fleur : ΒΑΣΙΛΕΩΣ ΜΙΘΡΑΔΑΤΟΥ ΕΥΠΑΤΟΡΟΣ. Pégase paissant à g.; astre et croissant, la date ΟΣ et un monogramme. Tétradrachme. — ℞⁸. TB.

Même vente, n⁰ 325. Collection Woodward.

14. **Arsinoé, reine d'Égypte.** Buste voilé et diadémé à dr.; derrière, ΨΨ. ℞. ΑΡΣΙΝΟΗΣ ΦΙΛΑΔΕΛΦΟΥ. Double corne d'abondance parée d'une bandelette. — ℞⁹. TB.

Même vente, n⁰ 358. Collection d'un *late collector* (Londres, Mai 1900), n